UN DERNIER JOUR DE FORTUNE,

COMÉDIE - VAUDEVILLE EN UN ACTE,

PAR MM. DUPATY ET SCRIBE;

REPRÉSENTÉE POUR LA PREMIÈRE FOIS SUR LE THÉATRE DU GYMNASE DRAMATIQUE, LE 11 NOVEMBRE 1823.

PRIX : 1 fr. 50 cent.

PARIS,

POLLET, LIBRAIRE-ÉDITEUR DE PIÈCES DE THÉATRE, RUE DU TEMPLE, N. 36, VIS-A-VIS CELLE CHAPON.

1823.

PERSONNAGES.	ACTEURS.
M. DE SAINT-PIERRE.	M. Numa.
Mme DE ROSTANGE.	Mme Kuntz.
Edmond DE MORINVAL	M. Prudent.
CÉCILE, servante de l'hôtel garni. .	Mme Dormeuil.
JASMIN, domestique de M. de Saint-Pierre.	M. Alexis.

La scène se passe dans un hôtel garni.

Nota. S'adresser pour la musique de cette pièce et celle de tous les ouvrages représentés sur le Théâtre du Gymnase, à M. Théodore, Bibliothécaire et copiste, au Gymnase.

Vu au ministère de l'intérieur, conformément à la décision de S. Ex. en date de ce jour.

Paris, le 6 Novembre 1823.

Par ordre de Son Excellence,

Le chef adjoint au bureau des théâtres.

COUPART.

De l'Imprimerie de DAVID, rue du Faubourg Poissonnier, n° 1.

UN DERNIER
JOUR DE FORTUNE,

COMÉDIE-VAUDEVILLE EN UN ACTE.

Le théâtre représente un appartement d'hôtel garni.

SCÈNE PREMIÈRE.

EDMOND, CÉCILE,

CÉCILE.

Comment, M. Edmond, c'est vous que je revois !

EDMOND.

Ma chère Cécile, combien j'ai été sensible à ton accueil, et à celui de ta mère... Vous n'avez donc point oublié le nom de vos anciens maîtres ?

CÉCILE.

Qui vous amène à Paris... et que venez-vous faire à l'hôtel des milords ?

EDMOND.

Ce qu'on peut faire dans un hôtel garni... m'y loger... si toutefois les appartemens ne sont pas trop chers.

CÉCILE.

Comment, il serait possible !... votre situation...

EDMOND.

Est toujours la même... On dit que la fortune est changeante... je ne m'en aperçois pas... J'étais très-jeune, lorsque mon père quitta la France avec toute sa famille... Les circonstances ne sont plus les mêmes... j'y rentre enfin;

mais je m'y suis trouvé seul, sans appui, sans famille...
Je dirais presque sans amis, si je ne t'avais pas rencontrée.

CÉCILE.

Et les grands biens qu'avant son départ, votre père
avait laissés en France ?...

EDMOND.

Sur le bruit de notre mort, des parens très-éloignés
s'en sont emparés... Depuis vingt-cinq ans, et plus, les dé-
bris en ont été dispersés entre un millier de collatéraux...
en quelles mains les retrouver ?... Et quand le hasard me
les ferait découvrir, il me faudrait, pour les ravoir, sou-
tenir au moins une vingtaine de procès... Et songe donc!...
vingt procès!... il y aurait de quoi me ruiner, si je ne l'é-
tais déjà.

AIR : *L'amour qu'Edmond a su me taire.*

Les gens de loi, dans la plus mince affaire,
Lèvent, dit-on, deux francs sur un écu,
Tu peux alors juger dans cette guerre
Quelle est la part qui revient au vaincu.
Car les plaideurs, qu'un procureur travaille,
Gagnant leur cause à prix d'or et de soins,
Sont des soldats, qui du champ de bataille
Sortent vainqueurs avec un bras de moins.

CÉCILE.

Que voulez-vous donc faire ?... Demander une place...

EDMOND.

Du tout... je ne veux rien devoir à personne... Je suis
jeune, j'ai de la force, et tant que ce bras-là pourra porter
un fusil, je n'aurai pas besoin de solliciter... sois tranquille... Au feu, il y a toujours de la place.

AIR : *à soixante ans.*

Partout ailleurs il faudrait un miracle
Pour parvenir et l'emporter soudain,
A chaque pas s'offre un nouvel obstacle,
Mille rivaux vous ferment le chemin.

Et comment garder l'équilibre
Lorsque chacun vous heurte pour passer ?
Mais au combat l'on a beau se presser ,
A qui le veut la place est toujours libre ,
Et rien morbleu n'empêche d'avancer.

Mais avant de partir, je voulais faire mes adieux à quelqu'un qui demeure ici... à Paris... Et voilà pourquoi je viens passer quelques jours dans cet hôtel... Apprends-moi d'abord quelles sont les personnes qui l'habitent.

CÉCILE.

Il y a trois locataires importans... d'abord, au rez-de-chaussée, M. de Walberg, seigneur très-riche, qui joue presque toute la journée, et une partie de la nuit.

EDMOND.

M. de Valberg... j'ai quelqu'idée de ce nom... Mais n'importe... après...

CÉCILE.

Ici, au-dessus, une soi-disant baronne de Rostange , e sa fille.

EDMOND, *vivement.*

C'est bien cela!... une jeune personne charmante.

CÉCILE.

La bonté, la douceur même... vous la connaissez.

EDMOND.

Mais c'est-à-dire... j'ai entendu parler... Car pour moi... je connais très-peu...

CÉCILE.

Non, non... M. Edmond... Cela n'est pas possible... et je vois à votre embarras que vous connaissez beaucoup...

EDMOND.

Eh! bien, oui, ma chère Cécile, j'aime Élise, autant qu'il est possible d'aimer. C'est dans le lieu de notre exil, que je l'ai rencontrée. Mais comment madame de Rostange se trouve-t-elle à Paris... qu'y fait-elle ?

CÉCILE.

Des visites... Et je ne sais pourquoi elle a loué un appartement dans cet hôtel ; car elle demeure habituellement dans un remise, qui toute la journée la promène tour-à-tour dans tous les ministères de la capitale.

EDMOND.

Pourrais-je la voir ?

CÉCILE.

Ce n'est pas aisé.

AIR : *Ainsi jadis un grand prophète.*

Pour la rencontrer dans cette ville,
Il faut être leste et bien portant ;
Dans sa voiture est son domicile,
On ne peut lui parler qu'en courant.
Au galop, comme il faut qu'elle parte,
La voit-on passer dans le quartier,
C'est au cocher qu'on donne sa carte,
Au lieu de la remettre au portier.

Du reste, on prétend qu'elle voudrait trouver un mari pour sa fille, et peut-être pour elle-même... si l'occasion s'en présentait, et elle y parviendra, car elle a, dit-on, peu de fortune, mais beaucoup de crédit...

EDMOND.

Tant pis... car je n'en ai guère... Et où trouver des amis, des protecteurs qui puissent me servir auprès d'elle...

CÉCILE.

Attendez ; nous avons ici M. de Saint-Pierre, le troisième locataire... un excellent homme pour qui madame de Rostange a les plus grands égards.

EDMOND.

Quel est ce monsieur de Saint-Pierre ?

CÉCILE.

Impossible de vous le dire... On ne lui connaît aucune terre, aucune propriété... et il roule sur l'or... On ne sait ni qui il est, ni d'où il vient, et partout il est recherché, considéré... Enfin, il n'a aucune dignité, n'occupe aucune place... et presque tous les jours on l'invite à dîner en ville

EDMOND.

Son âge ?

CÉCILE.

Jeune.

EDMOND.

Ses manières ?

CÉCILE.

Pas très-nobles...

EDMOND.

Son caractère ?

CÉCILE.

Un peu bizarre ; mais très-généreux, et pas plus de fierté que s'il avait encore sa fortune à faire... Tout le monde l'aime dans l'hôtel... moi surtout qu'il a comblée de bontés... Il a pris soin de ma mère... il lui a assuré une pension pour le reste de ses jours, et je suis certaine que si je lui parlais en votre faveur...

EDMOND.

Eh ! mais... au portrait que tu m'en fais, n'aurait-il pas des vues sur la main d'Elise ?

CÉCILE.

Lui ! quelle idée ! Mais tenez, je l'entends, voulez-vous que je vous présente ?

EDMOND.

. Non , viens achever de m'instruire... et s'il est nécessaire, je saurai tout seul faire connaissance avec lui.

Il sort avec Cécile.

SCENE II.

SAINT-PIERRE (*sortant de la porte à droite*).

Holà quelqu'un !... Personne dans mes appartemens... ni dans cette antichambre... Mes domestiques seront sans doute sortis... ils ont dit qu'ils avaient ce matin des affaires... (*s'asséyant*) Eh ! bien... j'attendrai... Encore si cette petite Cécile était là... Excellente fille! à qui je ne suis pas indifférent, j'en suis sûr... Eh! bien, elle a raison ; car moi de mon côté...il n'y a d'autre inconvénient que ma fortune ; et c'est un obstacle que chaque jour je m'applique à faire disparaître... Encore quelques semaines, et nous serons de pair...(*on sonne*) Hein !... qu'est-ce que c'est ?... Maudite sonnette !... elle produit toujours sur moi un effet.

Air : *du vaudeville de l'écu de six francs.*

Cette sonnette me réveille
Dans tous les rêves que je fais ,
Et vient sans cesse à mon oreille
Me rappeler ce que j'étais.
En vain je veux être rebelle
A ses accords désobligeans ,
Lorsque je sonne un de mes gens ,
Je crois toujours que je m'appelle.

C'est qu'aussi, on n'a jamais vu d'aventure comme la mienne... Et si elle ne m'était pas arrivée, je croirais que c'est un conte... Moi, Lapierre, franc original, et garçon sans souci, né sans prétention, dans cette classe estimable de la société, cette classe la plus nombreuse et la plus nécessaire de toutes... celle des valets... je m'y étais fait une réputation méritée : lorsqu'un beau jour, fatigué d'être heureux, il me prend l'idée d'être riche... mais trop paresseux pour travailler, et quoique n'ayant pas un sol, trop honnête homme pour spéculer à la bourse, je mets mes gages à la loterie, et je gagne un quaterne... cinquante mille écus... c'était rond... c'était joli... mais qu'en faire?... les placer... il n'y avait pas de quoi rouler carosse... Les dépenser... impossible en province... M. Lapierre quitte Toulouse, vient s'établir à Paris, prend un appartement superbe dans un hôtel garni, des domestiques dans les petites affiches, et un nom dans le calendrier, qui n'en refuse à personne.. Me voilà donc M. de Saint-Pierre !... Voyons, me dis-je alors, puisque cette épreuve ne me coûte rien, si la vie d'un maître est plus douce que celle d'un valet, et si le bonheur est plus aisé à rencontrer sous le frac que sous la livrée... ne nous refusons rien... épuisons tous les plaisirs... Cinquante mille francs par mois; si on ne trouve pas le bonheur à ce prix-là... c'est qu'il n'est pas à vendre... Ma foi, je ne regrette pas mon argent, je me suis amusé..

AIR : *d'Aristippe.*

De Paris j'ai vu les miracles,
De ses plaisirs j'ai goûté les douceurs;
J'ai parcouru tous les spectacles,
J'ai visité les plus brillans traiteurs.
Des amours la joyeuse troupe,
Versait les vins les plus exquis;
Et mes lèvres vidaient la coupe
Que ma main remplissait jadis.

Hein! qui vient là?... C'est un de mes domestiques provisoires.

SCÈNE III.

St-PIERRE, JASMIN.

ST-PIERRE, *regardant Jasmin.*

Ça n'a pas la moindre disposition; et je leur en remontrerais quelquefois si ce n'était le *decorum*... Il est vrai que quand on a exercé soi-même..... on est plus difficile qu'un autre.

JASMIN, *d'un air niais.*

Monsieur, ce sont vos lettres, et vos journaux... et un petit rouleau.

ST-PIERRE.

Eh! bien... où sont ces lettres et ces journaux? (*Jasmin fouille dans sa poche, et les lui donne.*) On les montre... on s'avance..... Vois-tu..... le corps droit; et on étend la main avec grâce... Monsieur, ce sont vos lettres.

JASMIN, *les lui prenant.*

Je vais recommencer.

ST-PIERRE.

Eh! non... çà n'en finirait pas d'aujourd'hui... Laisse-moi. (*Jasmin sort. Saint-Pierre ouvrant la première lettre.*) C'est de M. de Valberg, mon voisin... Que me veut-il? (*Il lit*) « Je vous envoie, mon cher voisin, les » cent louis que je vous dois. » Parbleu, je n'y comptais guère... Un joueur qui paye ses dettes... Qu'est-ce donc qui lui est arrivé? (*Continuant de lire*) « Vous partagerez » ma joie, quand vous saurez que j'ai maintenant cinquante » mille livres de rente, qu'on ne peut pas m'ôter. » Il est bien heureux... Comment donc cela? « Je suis allié, mais » de très-loin à l'ancienne famille de Morinval qui depuis » long-temps a disparu... Leur fortune, après avoir passé » entre les mains de plusieurs vieux collatéraux qui sont » tous morts, est enfin arrivée toute entière entre les » miennes... Il y a aujourd'hui ou demain une trentaine » d'années à ce qu'il paraît, que ces biens sont possédés, » sans aucune réclamation; ainsi, d'après ce que dit mon » avoué, prescription acquise... plus de recours à crain- » dre... vous voyez donc bien que j'ai encore de quoi » jouer quelques parties de creps ou d'écarté, etc. etc. » Grand bien lui fasse..... Je vois qu'entre ses mains la for- tune des Morinval... ira encore plus vîte que la mienne. Quelle est cette autre lettre?... De madame de Rostange, ma voisine... Elle voulait me donner sa fille par spécula- tion... je l'ai refusée par délicatesse; et nous n'en sommes pas moins bons amis. (*Lisant*) Elle a un service à me de- mander; à la bonne heure..... mais qu'elle se dépêche..... (*Ouvrant une troisième lettre*) Ah! ah! ceci vaut mieux... c'est de mon notaire. (*Lisant*) « Je vous envoie ce que » vous me demandez... Ce sont vos derniers mille écus, » je n'ai plus d'autre argent. » Comment...il se pourrait!.. (*Montrant les trois billets de banque et le rouleau qui est sur la table*) Voilà tout ce qui me reste... Je ne me croyais pas si avancé... Je me suis donc amusé plus que je ne croyais... Mais quoiqu'on y soit préparé, cela fait toujours quelque chose.

Air : *vaudeville de la Somnambule.*

N'ayant plus rien, sachons dans ma détresse
Etre philosophe, en effet ;
C'est un fardeau que la richesse,
Mais un fardeau que l'on quitte à regret.

Fortune , amour, sont les mépris du sage,
Contre leurs fers chacun est révolté ;
Et le captif dont on rompt l'esclavage
En soupirant reprend sa liberté.

Allons, allons, chassons ces idées-là... Oui... M. Lapierre, il faut prendre gaîment son parti, et plier bagage...
En payant les mènus frais... les gages de mes domestiques,
une petite gratification... Je vais me trouver, comme eux,
sur le pavé... Heureusement, ils ont de l'amitié pour
moi... ils m'aideront à trouver quelque bonne place... ou
plutôt pourquoi ne la chercherais-je pas moi-même ?... je
suis en assez belle position pour cela... Pendant ces trois
mois, j'ai été reçu dans les premiers salons de la capitale... Voyons parmi mes amis intimes, quel est l'heureux
mortel à qui je voudrais me donner... Et parbleu !... M. de
Valberg, dont je lisais tout à l'heure la lettre... Il a cinquante mille livres de rente... et puis valet d'un joueur...
c'est une belle condition.

« Sous ses heureuses mains, le cuivre devient or. »

Ah ! ah ! c'est toi Cécile !

SCÈNE IV.

SAINT-PIERRE, CÉCILE.

CÉCILE.

Oui, monsieur... je vous apporte votre déjeûner.

ST.-PIERRE, *à part.*

Allons, laissons-nous servir encore aujourd'hui ; mais
demain, je me déclare, car une fortune... c'est gênant
pour faire la cour à une fille qui n'en a pas. (*haut*) Il me
semble que tu viens bien tard aujourd'hui.

CÉCILE.

C'est que vous ne savez pas... Il vient d'y avoir une
scène dans l'hôtel... Ce M. de Valberg, qui n'a pas votre

bonté, et votre patience... vient de tomber à coups de canne, sur George, son cocher, qui l'avait fait attendre deux minutes.

st.-PIERRE.

Ah! mon Dieu! qu'est-ce que tu me dis donc là ?... Il bat donc ses gens!...

CÉCILE.

Oui, Monsieur... Encore hier, son jockey, à grands coups de cravache... Il paye bien, mais il frappe encore mieux.

st.-PIERRE.

C'est bon à savoir... Je suis bien son serviteur. (*à part*) Mais pour son domestique, c'est autre chose. (*arrangeant de l'or dans un papier*) Tiens, Cécile, porte ceci au maître de l'hôtel... C'est le compte du mois... Attends donc, attends donc, je n'ai pas l'habitude d'oublier la fille. Voilà pour toi.

CÉCILE.

Là... encore des pièces d'or!... Mon Dieu, monsieur, je n'ose pas vous refuser ; et je ne sais comment vous dire...

st.-PIERRE, *tout en déjeûnant*.

Qu'est-ce que c'est ?

CÉCILE.

C'est que, presque tous les jours, sur les mémoires que je vous apporte, vous m'en donnez autant... Et ma mère, qui doit déjà tant à vos bontés, dit que ça lui fait peur.

st.-PIERRE, *de même*.

Et pourquoi?...

CÉCILE.

Je n'en sais rien... mais, ça lui fait peur.

st.-PIERRE.

Ah! ah! j'entends... Tu la préviendras de ma part, qu'elle ne sait ce qu'elle dit.

AIR : *des Amazones*.

De tout l'argent qu'à pleines mains je jette,
Celui-là seul est placé comme il faut.
(*à part*) Quand chaque jour se vidait ma cassette,
En la voyant, je disais aussitôt :

« Au but fatal j'arriverai bientôt ;
« Oui, du naufrage, hélas ! que je redoute,
« Ne pouvant être préservé,
« Faisons du moins un peu de bien en route,
« C'est toujours cela de sauvé. »

(*haut*) Ainsi prends toujours.

CÉCILE.

Mais, monsieur...

st.-PIERRE.

Eh ! bien... ne fut-ce que pour moi... vois-tu, Cécile, il faut de l'ordre, de l'économie... Il faut mettre de côté... Quand tu seras riche... tu prendras un époux... tu choisiras toi-même... (*à part*) Nous verrons si elle pense à moi...

CÉCILE.

Mais, monsieur...

st.-PIERRE, *s'éloignant, et changeant de ton.*

C'est bon... c'est bon... On vient de ce côté... (*montrant la table où est le déjeûner*) Débarrasse-moi de tout cela, et va-t-en.

CÉCILE, *à part.*

Là, c'est madame de Rostange : et moi qui n'ai pas seulement eu le temps de lui parler de M. Edmond.

Elle sort.

ST-PIERRE.

Ma chère voisine !... qu'elle soit la bien venue... (*à part*) C'est peut-être le ciel qui me l'envoie... Une dame qui a du crédit... Je vais sans doute trouver là ce que je cherche.

SCENE V.

SAINT-PIERRE, Mad. de ROSTANGE.

MAD. DE ROSTANGE.

M. de Saint-Pierre va me regarder comme bien indiscrète, de le déranger de si bonne heure.

ST-PIERRE.

Du tout, madame... il faut que je m'habitue à me lever matin.

MAD. DE ROSTANGE.

Vous avez reçu de moi, un petit mot, qui vous prévenait d'un service que je voulais vous demander.

ST-PIERRE.

Parlez... et je suis à vos ordres... Je vous prie de croire que je suis tout-à-fait disponible...

MAD. DE ROSTANGE.

Vous êtes mille fois trop bon !... J'espère obtenir aujourd'hui la place que je sollicite depuis si long-temps... Il me serait facile alors de marier ma fille... et peut-être moi-même, par la suite... Je suis libre... jeune encore...

ST-PIERRE, *galamment.*

Je suis garant qu'il se présenterait plus d'un prétendant.

MAD. DE ROSTANGE, *minaudant.*

Vous croyez... Enfin, mon cher voisin, j'ai, ce matin, des visites... des courses à faire... et si vous vouliez me prêter pour aujourd'hui, votre voiture, et vos gens.

ST-PIERRE.

Qnoi! vraiment, vous avez besoin, pour aujourd'hui... Comme c'est heureux !.. Holà ! quelqu'un... Que l'on mette les chevaux !... Je suis désolé de ne pas vous conduire moi-même; mais demain, si vous voulez... demain c'est possible !

MAD. DE ROSTANGE.

Je vous reconnais à cette galanterie vraiment française.

ST-PIERRE.

Vous n'avez donc pas votre remise?

MAD. DE ROSTANGE.

Non... il n'est pas venu aujourd'hui, non plus que mes gens... Ils sont tous d'une insolence... A les entendre, il faudrait toujours être la bourse à la main, et tous les mois arrêter bourgeoisement leur compte.

Air : *du partage de la richesse.*

Je n'ai jamais dans ma jeunesse
Vu les laquais exiger de l'argent ;
Les miens qui n'ont nulle délicatesse
En demandent à chaque instant.

ST.-PIERRE.

Ils demandent ?

MAD. DE ROSTANGE.

Oui , sur mon âme.

ST.-PIERRE.

On ne saurait les en gronder ,
Surtout dans ce siècle , madame ,
Où tant de gens prennent sans demander.

MAD. DE ROSTANGE.

N'importe, je leur ai appris à vivre.

ST.-PIERRE *à part.*

En les faisant mourir de faim... Ah! elle est fière, et paie mal... C'est bon à savoir. (*haut*) Voulez-vous permettre , madame... Je crois que votre voiture est prête. (*il la reconduit jusqu'à la porte*) Encore une à qui je donne congé.. Nous ne ferons pas affaire ensemble.

SCÈNE VI.

SAINT-PIERRE *seul.*

Ai-je bien fait d'aller aux informations ?... Deux jolies conditions que j'aurais eues là. Voyons donc avant tout , à bien arrêter mon plan, et à fixer les conditions nécessaires dans un maître... D'abord, qu'il soit riche, c'est indispensable... *secundo*, qu'il soit jeune... Les vieillards sont trop exigeans. *Tertio*, qu'il ait une place , parce que ces maîtres qui n'ont rien à faire donnent trop d'occupation à leurs domestiques... ils sont toujours chez eux, à surveiller. *Quarto*, enfin, qu'il soit marié, parce que chez les garçons, on a trop de mal... Les duels, les créan-

ciers, les amis intimes; sans compter le chapitre des in-
trigues à parties doubles.. C'est à n'y pas tenir... Tout
cela est très-difficile à rencontrer... Hein!... qui vient là ?

SCÈNE VII.

SAINT-PIERRE, EDMOND.

EDMOND, *entrant.*

M. de Saint-Pierre...

St.-PIERRE.

C'est moi-même... (*le regardant*) Voilà un jeune-
homme qui a de fort belles manières.

EDMOND, *à part , pendant que Saint-Pierre l'examine.*

Pendant que madame de Rostange était sortie, je viens
de voir Élise... d'après ce qu'elle m'a dit, il n'y a plus de
doutes, on a des vues sur M. de Saint-Pierre... et je saurai
bien le forcer à s'expliquer. (*haut*) Monsieur, le motif
qui m'amène va vous paraître...

St.-PIERRE, *d'un air aimable.*

Fort agréable, puisqu'il me procure l'avantage de vous
recevoir... Mais je ne souffrirai pas que vous restiez ainsi...
Holà , quelqu'un !... Des siéges...

EDMOND.

Du tout , monsieur , ce n'est pas la peine de déranger
vos gens pour si peu de chose.

St.-PIERRE, *allant chercher deux fauteuils.*

Vous avez raison, quand on peut se servir soi-même...
(*le regardant avec affection*) Ce jeune homme a quelque
chose qui prévient en sa faveur... (*le forçant à s'asseoir*)
Asséyez-vous donc, je vous prie... Eh ! bien, Monsieur?...

EDMOND.

Eh bien, Monsieur... (*à part*) Avec ses politesses, il
m'a tout déconcerté; et je ne sais comment m'y prendre...
(*haut*) Monsieur, je suis lié depuis long-temps avec la
famille de madame de Rostange; et sans avoir l'honneur
d'être connu de vous, j'ai à ce sujet une demande à vous
faire.

St.-PIERRE.

A moi, une demande ?

EDMOND.

Oui... une question... sur laquelle je vous prierai de vouloir bien me satisfaire.

St.-PIERRE.

Avec grand plaisir ; mais à charge de revanche... Puisque vous m'interrogez, il doit m'être permis d'en faire autant ; et si je réponds à vos questions, vous devez répondre aux miennes.

EDMOND.

Qu'à cela ne tienne, Monsieur, je suis prêt à vous contenter sur tous les points.

St.-PIERRE.

D'abord, quel âge avez-vous ?

EDMOND.

Il me semble qu'il n'est pas nécessaire...

St.-PIERRE.

Si, Monsieur ; plus que vous ne croyez, moi j'y tiens !

EDMOND.

Vingt-huit ans.

St.-PIERRE, *à part.*

Vingt-huit ans, c'est bien... Bon âge!... Voilà ce que je cherche... (*haut*) Vous êtes d'une bonne famille !

EDMOND.

Mon père était comte et lieutenant-général.

St.-PIERRE.

Tant mieux. Et dites-moi, n'auriez-vous pas par hasard des dettes, des créanciers ?...

EDMOND.

Monsieur!... de pareilles questions...

St.-PIERRE.

Vous étonnent, je le sais ; mais quand vous en connaîtrez le motif... D'ailleurs vous serez libre tout à l'heure de m'interroger à votre tour, sur tout ce qu'il vous plaira... Moi, je ne crains pas les informations.

Un dernier jour de fortune. 2.

EDMOND, *souriant à part.*

Allons, Cécile avait raison, c'est un original de la première force... (*haut*) Eh ! bien, monsieur, puisque vous
prenez intérêt à mes affaires, je vous déclare que je n'ai
ni dettes, ni créanciers ; et que j'espère bien n'en avoir
jamais.

ST.-PIERRE, *à part.*

De la conduite, de l'ordre... c'est très-bien... (*haut*)
Vous me semblez d'un caractère aimable et facile...
Mais est-ce que quelquefois vous ne vous mettez pas en
colère ?

EDMOND, *souriant.*

Convenez que si j'y étais sujet, j'aurais ici une belle
occasion... Car toutes ces demandes, que depuis une heure
j'ai la patience d'écouter.

ST.-PIERRE.

C'est juste... et je n'en veux pas d'autres preuves. (*à part*)
Voilà l'homme qu'il me faut... (*haut*) Je parie que vos
domestiques ont dû toujours être très-heureux avec vous.

EDMOND.

S'il en avait été autrement nous aurions été bien ingrats;
nous avons trouvé en eux, pendant notre exil, tant
de zèle, tant de devoûment... En pareil cas, monsieur,
un domestique est un ami.

ST.-PIERRE, *avec attendrissement.*

Cela suffit, monsieur. (*Ils se lèvent*) Vous avez en moi..
un ami, et désormais, je vous suis attaché.

EDMOND.

Comment, monsieur, ai-je pu mériter ?...

ST.-PIERRE.

Vous ne me connaissez pas!... Je peux vous rendre
plus de services qu'un autre... Et pour commencer, il faut
que je vous donne un domestique de ma main... ce n'est
pas pour me vanter, mais vous trouveriez difficilement
un meilleur sujet.

EDMOND.

Je vous remercie, monsieur, de vos bontés, et surtout

du domestique que vous voulez bien m'offrir... Mais ma
fortune ne me permet plus d'en avoir.

St.-PIERRE.

Comment ! il serait possible...

EDMOND.

Oui, monsieur, je n'ai rien, et n'en rougis pas...
Après l'explication que je voulais avoir avec vous, mon
intention était de m'engager, et de me faire soldat...

St.-PIERRE, *à part.*

Est-ce jouer de malheur ! je n'en rencontre qu'un qui
me convienne... je ne trouve qu'un seul homme qui soit
digne d'être maître, et il n'a pas de domestiques !... Ca
m'est égal, j'y mettrai de l'obstination, et nous verrons...
(*haut*) Non, Monsieur, il ne faut pas que cela vous dé-
courage... Qu'est-ce qui vous manque ? une fortune !...
Eh ! mon Dieu, ce n'est pas si difficile à acquérir... Il y a
tant de moyens... le hasard, l'intrigue, et quelquefois
même le mérite... Ne suis-je pas là, d'ailleurs ?

EDMOND.

Comment ! vous daigneriez ?...

St.-PIERRE

Oui... jeune homme... Je serai votre guide, votre protecteur, en attendant mieux.

EDMOND.

Que voulez-vous dire ?

St.-PIERRE.

Je vous l'expliquerai plus tard... Mettez-moi d'abord au
fait de votre position.

EDMOND.

Ce ne sera pas long... J'ai été riche, je ne le suis plus.

St.-PIERRE.

Je connais ça... Tout le monde en est là.

EDMOND.

Mon père, le comte de Morinval, a quitté la France,
il y a une trentaine d'années...

St.-PIERRE.

Comment !... Que dites-vous là ?... Vous êtes le fils...
l'héritier direct des comtes de Morinval ?

EDMOND.

Oui, Monsieur.

St.-PIERRE, *courant à la table.*

Cette lettre... Oui.... c'est bien cela... Ah! mon Dieu !
s'il était encore temps.

EDMOND.

Que voulez-vous dire ?

St.-PIERRE.

Rien: car je ne veux pas vous donner de fausse joie ;
mais cependant...

Air : de Marianne.

Si le sort comble mon attente,
Je puis vous rendre, à l'impromptu,
Cinquante mille francs de rente,
Et faute d'autre revenu,
C'est toujours ça,
Mais jusques là
Entre nous deux gardons ce secret-là.

EDMOND.

Que dites-vous ?.. il se pourrait !..
Un tel trésor soudain me reviendrait?

St.-PIERRE.

Et pourquoi pas !.. chacun l'éprouve,
En fait de fortune, à présent,
A chaque instant,
On en perd tant,
Qu'il faut bien qu'il s'en trouve.

EDMOND.

Mais daignez, au moins, m'expliquer ce mystère.

St.-PIERRE, *écrivant.*

Mon avoué s'en chargera... Je vous adresse à lui... Un
habile homme..... Si la prescription n'est pas encore acquise, il suffira, je crois, d'une seule signification, et je le
connais, il en fera plutôt deux qu'une... Hola! quelqu'un.

EDMOND.

En vérité, je ne sais si je dors, ou si je veille.

SCÈNE VIII.

Les précédens, JASMIN.

st.-PIERRE, *écrivant toujours.*

J'ai prêté mon landau à madame de Rostange, et ne peux vous offrir que mon cabriolet... C'est la voiture des gens d'affaires. (*à Jasmin*) Vite, mettez mon cheval bai... (*Jasmin sort*) (*à Edmond*) Vous en serez content!... Je dois le vendre demain à un agent de change... Une lieue en cinq minutes... un vrai trésor, surtout pour ces messieurs qui font leur fortune à la course.

SCÈNE IX.

St.-PIERRE, EDMOND.

st.-PIERRE, *qui a achevé sa lettre.*

Ah! çà, pendant qu'on attèle, nous avons quelques minutes à nous... Causons un peu de nos affaires!..... Jusqu'ici, cela se présente bien... (*comptant sur ses doigts*) Vingt-huit ans... un charmant caractère, cinquante mille livres de rente, cela commence à prendre tournure; mais cela ne suffit pas!.. Etes-vous marié?

EDMOND.

Non, Monsieur.

st.-PIERRE.

Tant pis... Il faut vous marier, ça m'est nécessaire...

EDMOND, *étonné.*

Comment!...

st.-PIERRE.

C'est nécessaire au plan de bonheur que j'ai formé pour vous, et je vous marierai... (*à part*) C'est une des conditions *sine quâ non.*

EDMOND.

Comment ai-je pu mériter cette généreuse protection ?

st.-PIERRE, *sans l'écouter.*

Voyons... qui vais-je lui donner?... C'est très-difficile!... Vous ne seriez pas amoureux par hasard ?... ça nous aiderait un peu.

(22)

EDMOND , *à part.*

Grands Dieux !... (*haut*) Après ce que je vous dois , monsieur, je ne sais comment vous avouer que j'aime Élise de Rostange , et que la crainte de vous avoir pour rival...

St.-PIERRE.

Moi !... votre rival !... On me l'avait proposée en mariage, c'est vrai... Mais dès qu'elle vous convient.

EDMOND.

Je ne puis en revenir encore... Quoi ! malgré sa mère qui me refuse...

St.-PIERRE.

Elle consentira... Encourager des inclinations mutuelles, fléchir des parens, unir des enfans... c'est de mon emploi, et cela va m'y remettre, pourvu, toutefois, que vous me répondiez du caractère de la prétendue ; car pour moi , c'est le principal.

EDMOND.

C'est la bonté, la douceur même.

St.-PIERRE.

Elle n'a pas de caprices ?

EDMOND.

Jamais.

St.-PIERRE.

Elle ne fait pas de scènes à ses gens ?

EDMOND.

Quelle idée !

St.-PIERRE.

Je vous demande cela... ce n'est pas pour moi, c'est pour cette pauvre Cécile, une petite fille charmante que je compte vous présenter comme femme-de-chambre.

EDMOND.

AIR : *Qu'il est flatteur d'épouser celle.*

Parlez, commandez, je vous prie,
Pouvoir vous payer de retour
Est le seul espoir de ma vie.
Oui, Monsieur, croyez, dès ce jour ,

A mon respect, à ma tendresse ;
Car je veux, je le dis tout haut,
A vos ordres être sans cesse.
St.-PIERRE, *à part.*
Voilà le maître qu'il me faut.

SCÈNE X.

Les Précédens, JASMIN.

JASMIN.

Le cabriolet de Monsieur est prêt.

St.-PIERRE.

A merveille ! courez chez votre avoué... (*Il prend sur
la table le chapeau d'Edmond, et le lui donne. Edmond se dispose à sortir, Saint-Pierre l'arrétant*) :
Un mot encore... (*comptant sur ses doigts*) Je savais bien
que j'oubliais quelque chose... Avez-vous une place ?

EDMOND.

Non, monsieur.

St.-PIERRE.

Il faudra donc que je vous en aye une. (*à part*) Allons,
c'est un maître qui est entièrement à faire. (*haut*) Partez,
songez, à votre fortune... je vais ici m'occuper de votre
femme, et de votre place.

Edmond sort en courant.

SCÈNE XI.

SAINT-PIERRE, JASMIN.

JASMIN.

Madame de Rostange vient de rentrer dans l'hôtel.

St.-PIERRE.

A merveille... commençons par elle.

JASMIN.

Il faut qu'elle ait été au galop ; car vos chevaux sont en
nage.

St.-PIERRE.

Je crois bien... elle aura, comme de coutume, couru tous les ministères ; et mes chevaux qui n'ont pas l'habitude de solliciter... (*à Jasmin*) C'est elle... va-t-en... mais ne t'éloigne pas ; j'aurai besoin de toi.

Jasmin sort.

SCÈNE XII.

SAINT-PIERRE, MADAME DE ROSTANGE.

MAD. DE ROSTANGE.

Ah ! mon cher voisin ! que je vous fasse part de mon bonheur... Je sais l'intérêt que vous nous portez... apprenez donc que je marie ma fille.

St.-PIERRE.

Que dites vous ?... Ce n'est sans doute qu'un projet.

MAD. DE ROSTANGE.

Non... c'est arrêté... c'est convenu... Je n'avais pas de fortune à donner... mais une place est une dot... Et en faveur des services que mon mari a rendus, on m'accorde, pour mon gendre, le poste le plus honorable.

St.-PIERRE, *à part.*

Cela se trouve bien. (*haut*) Je m'en réjouis comme vous.. mais ce gendre n'est pas encore choisi.

MAD. DE ROSTANGE.

Si vraiment... Un arrière-cousin du ministre... comme je vous le disais, tout est d'accord ; il a ma parole... j'ai la sienne : et nous n'attendions plus que ce brevet qu'on vient enfin de m'accorder, et que je vais lui expédier.

St.-PIERRE, *à part.*

Morbleu !... c'est fait de nous.

MAD. DE ROSTANGE.

Eh ! bien... qu'avez-vous donc ! D'où vient ce trouble, cette émotion ?

St.-PIERRE.

Moi, madame... c'est de surprise, et de satisfaction... pour vous... du moins...

MAD. DE ROSTANGE.

Je crois bien... un arrière-cousin du ministre... (*s'approchant de la table*) Vous avez là des enveloppes... un cachet... Je vous demanderai la permission...

ST.-PIERRE.

C'est trop d'honneur que vous me faites... (*Pendant que madame de Rostange arrange une enveloppe*) Eh! bien... à la première attaque, me voilà dérouté... et je ne sais plus que dire... Morbleu! Lapierre, tu t'es rouillé dans la prospérité... Pas une idée... pas une ruse... Et tu veux remonter valet-de-chambre ?

MAD. DE ROSTANGE.

Vous n'auriez pas là un de vos gens ?

ST.-PIERRE.

Si, Madame... Mais avant d'adresser le paquet à monsieur l'arrière-cousin du ministre... j'aurais voulu obtenir de vous un instant d'audience... Vous comprenez sans que je vous le dise que ce mariage me contrarie beaucoup.

MAD. DE ROSTANGE.

Et pourquoi?... Il ne tenait qu'à vous d'épouser ma fille.

ST.-PIERRE.

Oui sans doute.

MAD. DE ROSTANGE.

N'avez-vous pas refusé l'alliance que je vous proposais ?

ST.-PIERRE.

Je ne dis pas non...

MAD. DE ROSTANGE.

Alors, quel motif pouvez-vous avoir ?

ST.-PIERRE.

Quel motif ?... (*à part*) Ah! mon Dieu! il n'y a pas d'autre moyen... En bon serviteur, il faut ici se dévouer. (*haut*) Vous me demandez les motifs de mon refus?... Toute autre que vous, Madame, les connaîtrait déjà; mais votre sévérité vous empêche de les deviner, et votre modestie de les apprécier.

MAD. DE ROSTANGE.

Que voulez-vous dire?

St.-PIERRE.

Que je serais déjà votre gendre, si vous même ne vous y étiez opposée.

MAD. DE ROSTANGE.

Moi, Monsieur?

St.-PIERRE.

Oui, Madame; quelqu'étonnans qu'ils puissent vous paraître, tels sont les sentimens que je n'ai jamais osé vous déclarer... L'amour ne s'est jamais présenté à moi paré des illusions de la jeunesse... je l'ai toujours vu sage, estimable, raisonnable... enfin tel que je vous vois... Je n'ai point rêvé la tendresse... je l'ai spéculée...

> AIR : *De la robe et les bottes.*

> Sensible amant, capitaliste sage,
> Mon cœur, mes biens, veulent un guide sûr,
> Et je préfère aux roses du jeune âge
>   Les fruits heureux de l'âge mûr.
> Doublant mes fonds, chaque année à ma caisse
> Ajoute encor des revenus nouveaux,
> Et le temps fait sur ma tendresse
> Le même effet que sur mes capitaux.

MAD. DE ROSTANGE.

Comment! Monsieur, il se pourrait!

ST-PIERRE.

Oui, Madame, tels étaient mes projets; et je songeais à les réaliser, lorsque ce fatal mariage est venu détruire à jamais toutes les combinaisons de mon amour.

MAD. DE ROSTANGE.

Et pourquoi donc, Monsieur?

ST-PIERRE.

Vous comprenez, Madame, qu'à mon âge, me dévouant par goût à l'état de beau-père, je tiendrais à l'exercer avec tout l'agrément dont il est susceptible, ce qui n'arriverait

certainement pas, si j'avais pour gendre un arrière-cousin
du ministre, que je ne connaîtrai pas, et qui ne sera obligé
envers moi à aucun égard... Si, au contraire, l'époux de
votre fille avait été choisi par moi... S'il me devait tout...
S'il me regardait comme son père... comme son bienfai-
teur... Si en un mot, vous aviez agréé le jeune homme que
j'avais en vue.

MAD. DE ROSTANGE.

Comment, Monsieur, vous y aviez pensé?...

St.-PIERRE.

Voilà quinze jours que je m'en occupe... et j'avais pris
parmi ce qu'il y avait de mieux... M. le comte Edmond
de Morinval, le dernier héritier de la famille de ce nom.

MAD. DE ROSTANGE.

M. Edmond, qui est ruiné, et qui n'a rien !

St.-PIERRE.

Oui... mais moi... je lui donne cinquante mille livres de
rente.

MAD. DE ROSTANGE.

Il se pourrait!

St.-PIERRE.

En signant le contrat.

MAD. DE ROSTANGE, étonnée.

Vous lui donnez cinquante mille livres de rente!... Et
que vous reste-t-il donc?

St.-PIERRE, souriant.

Là-dessus, soyez tranquille... Mais je vous en ai préve-
nue, le véritable amour ne fait pas de phrases.. il ne pro-
cède que par articles.. Accordez à Edmond de Morinval :
1º la main de votre fille... 2º la place que vous avez obte-
nue, et dans huit jours nous faisons les deux noces.....
Qu'en dites-vous?

MAD. DE ROSTANGE.

Certainement... je sacrifierais tout au bonheur de ma
fille... mais permettez : je vais rompre avec l'arrière cousin du ministre... donner à un autre une place qui lui était
destinée, et qu'il m'avait un peu aidée à solliciter... Voilà

ce qu'il y a de sûr, et de positif : les mariages dont **vous** me parlez le sont-ils autant ?... Qui m'en répondra ?

St.-PIERRE.

J'entends... Vous me demandez des garanties ?...

MAD. DE ROSTANGE.

Non pas... Mais enfin...

S.t-PIERRE.

Je vous dis que nos cœurs s'entendent, et qu'ils sont nés l'un pour l'autre... La sympathie du calcul !... Comment donc vous rassurer sur mes sentimens ?... Les dédits !... sont d'anciens moyens qui n'ont plus cours à présent ; mais les billets au porteur sont toujours de mode... (*se mettant à la table et écrivant*) et le style de celui-ci est d'une précision qui ne laisse aucun doute. « Fin septembre pro-
» chain, je payerai à madame de Rostange, ou à son
» ordre, la somme de 60,000 fr. valeur reçue, si, à cette
» époque, je ne suis pas son mari. »

MAD. DE ROSTANGE.

Fi donc !... ce n'est pas cela que j'exigeais ; mais vous le voulez... Je rentre chez moi... j'envoye au cousin du ministre son congé, et à M. Edmond notre consentement.

Elle sort.

St.-PIERRE, *la reconduisant.*

A merveille... Voilà déjà mon maître marié, et placé.. ce n'est pas sans peine... Et pour ma rentrée dans l'emploi, j'ai eu affaire à forte partie..... D'autant qu'il falla[i] brusquer les événemens ; car, ce soir, adieu ma fortune.. et par suite, mon crédit... C'est donc ce soir... (*appelant Jasmin...*) C'est ce soir que mon règne finit avec le trimestre... Ah ! Jasmin..

SCÈNE XIII.

St.-PIERRE, JASMIN.

St.-PIERRE, *à Jasmin qui entre.*

Tu diras à mes gens de ne pas aller dîner en ville

comme cela leur arrive quelquefois... J'ai besoin d'eux
aujourd'hui... Entends-tu... d'eux tous... depuis le jockey
jusqu'à toi... le valet de chambre.

JASMIN.

Oui, Monsieur.

St.-PIERRE.

Tu commanderas en même temps à mon maître-d'hôtel
un dîner délicat, et solide, à cause des convives que j'attends.... Une douzaine de couverts; et surtout, qu'il ait
soin de me dépenser cinquante louis..... pas un de plus.....
pas un de moins.

JASMIN.

Oui, Monsieur... Y aura-t-il des invitations à envoyer.

St.-PIERRE.

Sans doute... mais ce ne sera pas loin.

Il lui parle bas à l'oreille.

JASMIN, d'un air honteux.

Comment, Monsieur, il serait possible !

AIR : Quand l'amour naquit à Cythère.

De vos bontés, de cet honneur extrême,
Je suis confus, et je n'en reviens pas ;
Quoi ! vous voulez, Monsieur, aujourd'hui même...

St.-PIERRE.

Vous voir assis à ce repas.

JASMIN.

Qui, nous...siéger à cette place auguste !
Nous, qui toujours, par état, par devoir,
Sommes debout...

St.-PIERRE.

C'est pour ça qu'il est juste,
Qu'un jour au moins vous puissiez vous asseoir.

JASMIN.

C'est égal, Monsieur, nous n'oserons jamais... Je ne
suis pas assez heureux... pour une pareille faveur.

St.-PIERRE.

Tu n'est pas heureux !... toi, Jasmin ! toi, un valet-de-
chambre... Diable, j'en connais bien qui voudraient être

à ta place... Ta condition n'est-elle pas souvent préférable
à celle des maîtres ?... Qu'as-tu besoin de t'occuper de tes
affaires , ou de t'inquiéter de ton sort ?... tu laisses ce soin
au grand seigneur qui t'a pris à son service.. En voyant le
mal qu'il se donne pour augmenter sa fortune, tu crois
peut-être que c'est pour lui qu'il travaille, du tout... c'est
pour toi... c'est pour te nourrir, pour te loger, pour te
payer tes gages... Il est ton véritable intendant... Car cette
table exquise dont il est si fier , tu en jouis aussi bien que
lui... quoiqu'à des heures différentes, si tu restes... Tu ha-
bites comme lui, un hôtel, ou un palais... si tu sors,
toujours en voiture... en seconde ligne il est vrai... mais
qu'importe ?... Douce indépendance, aimable oisiveté,
premiers trésors de l'homme, on ne vous trouve que sous
la livrée... et qui ne sait pas vous apprécier, n'est pas digne de vous posséder... Mais qui vient là? c'est mon jeune
protégé. (*à Jasmin*) Va vîte exécuter mes ordres.

Jasmin sort.

SCÈNE XIV.

SAINT-PIERRE, EDMOND.

st.-pierre, *à Edmond.*
Eh ! arrivez donc, mon cher... comment cela va-t-il?...
J'étais d'une inquiétude...

EDMOND.
Ah ! Monsieur... comment vous prouver ma reconnaissance... Après avoir lu votre billet, votre homme d'affaires
a pris sur-le-champ toutes les mesures nécessaires. Il était
temps... car c'est demain que le délai expire...

AIR *du vaud. de l'Opéra-comique.*

Grâce à vous, grâce à lui, je puis
Tout recouvrer, sans qu'il m'en coûte;
Quel honnête homme! dans Paris
En est-il comme lui ?

ST. PIERRE.
Sans doute.

Oui, des avoués sans défaut,
D'une probité scrupuleuse,
On peut en trouver. . il ne faut
Qu'avoir la main heureuse.

EDMOND.

Par exemple, il m'a demandé sur-le-champ ma clientelle pour l'avenir... Vous devinez ma réponse... en même temps ce brave homme avait un domestique... un excellent sujet...

St.-PIERRE.

Hein!... Qu'est-ce que vous me dites là ?

EDMOND.

Il désirait le placer auprès d'un homme riche, en qualité de valet-de-chambre... il me l'a proposé...

St.-PIERRE.

Ah! mon Dieu !

EDMOND.

Et vous sentez bien que j'ai accepté sur-le-champ.

St.-PIERRE.

Vous avez accepté ?...

EDMOND.

Certainement.., et en le remerciant encore... Mais qu'avez-vous donc ?... et d'où vient le trouble où je vous vois ?

St.-PIERRE, *à part*.

Nos affaires allaient si bien jusques-là... Il ne fallait pas moins qu'un avoué pour les embrouiller... (*haut*) Malheureux jeune homme... qu'avez-vous fait ?

EDMOND.

Quelle faute ai-je donc commise ?

St.-PIERRE.

La plus grande de toutes !... Vous ne savez donc pas que dans la situation où vous êtes, le choix d'un domestique est pour vous de la dernière importance... que votre sort en dépendait...

EDMOND.

Que voulez-vous dire ?

St.-PIERRE.

Que la main puissante qui vous protégeait se voit forcée de vous abandonner.. Que le cours de vos prospérités va soudain s'arrêter, et que vous n'avez plus maintenant que des malheurs à attendre.

SCÈNE XV

Les Précédens, CÉCILE.

CÉCILE.

Ah! M. Edmond, venez à notre aide, mademoiselle Élise se désole... elle dit qu'elle ne pourra pas y survivre.

EDMOND.

Qu'y a-t-il donc ?

CÉCILE.

Sa mère avant de repartir est passée chez elle, et lui a déclaré que ce soir même elle serait mariée, et qu'il fallait obéir.

EDMOND.

Ah! mon dieu... que faire?... quel parti prendre? (*à Saint-Pierre*) Vit-on jamais un malheur pareil au mien ?

St.-PIERRE, *froidement.*

Je vous l'avais dit... cela commence.

EDMOND.

Ah! Monsieur... ah! mon protecteur, ne m'abandonnez pas.

CÉCILE.

Hélas! oui... ils n'ont plus d'espoir qu'en vous.

EDMOND.

Encore ce dernier service.

ST-PIERRE.

Je ne veux plus vous en rendre... Il y a une demi-heure, je n'aurais pas hésité... c'était mon devoir... Mais à présent, cela ne me regarde plus... et c'est à un autre à prendre ce soin.

EDMOND.

Toute votre conduite envers moi, l'amitié que vous m'avez témoignée, le courroux que vous me faites paraître, tout me semble inexplicable!.. Vous aurais-je offensé sans le vouloir? parlez, je suis prêt à réparer mes torts... à vous obéir en tout.

St.-PIERRE.

Bien vrai.

EDMOND.

Je vous en donne ma parole d'honneur.

St.-PIERRE.

C'est bien... Vous épouserez votre Élise.

EDMOND, *se jetant à ses pieds.*

Ah! Monsieur !... comment reconnaître...

St.-PIERRE, *faisant ses efforts pour le relever.*

Du tout... ce n'est plus ça!... je ne veux pas que vous soyez ainsi... Je veux absolument que vous vous releviez... c'est ma première condition. (*Edmond se relève*) La seconde, c'est que vous renverrez à votre avoué son valet-de-chambre, et que vous n'en prendrez un que de ma main.

EDMOND.

Je vous le jure.

St.-PIERRE.

A ce prix-là, j'oublie tout, et la fortune va de nouveau vous protéger.

SCÈNE XVI.

Les Précédens, JASMIN.

JASMIN.

C'est un paquet qui est adressé à M. de Saint-Pierre, pour remettre à M. le comte de Morinval.

St.-PIERRE, *montrant Edmond.*

Donnez à Monsieur.

EDMOND, *décachetant la lettre.*

Une lettre de madame de Rostange, et une autre du

Un dernier jour de fortune.   3.

ministre... O ciel!... il serait possible!... à moi une place
aussi belle... aussi honorable.

ST.-PIERRE , *froidement.*

Je vous l'avais annoncé... voilà que cela reprend.

EDMOND.

Grand Dieu! ce n'est rien encore... une lettre de madame de Rostange... elle m'accorde la main de sa fille...
(*à Saint-Pierre*) Ah! vous êtes mon sauveur, mon Dieu
tutélaire.

ST.-PIERRE, *lui montrant la lettre.*

Prenez garde... il y a peut-être quelques conditions qui
ne vous plairont pas autant.

EDMOND , *reprenant la lettre.*

Oui... Madame de Rostange se marie elle-même... et
elle exige pour condition que j'obtienne aussi l'agrément
de mon futur beau-père... Quel peut-être ce beau-père?...

ST.-PIERRE.

Ce n'est pas ce qu'il y a de mieux dans l'événement...
car c'est un beau-père qui ne vous convient pas du tout,
et dont la présence pourrait tout renverser... Il faut,
maintenant, nous entendre , pour vous en débarrasser...
Cela dépend de vous.

EDMOND.

Et comment?

ST.-PIERRE.

Madame de Rostange le croit riche... Dites-lui hardi-
ment qu'il ne l'est plus... elle le prend pour un homme
de qualité... apprenez que c'est un homme de rien, qui a
fait fortune en un jour, et l'a mangée en trois mois...
Enfin, s'il faut vous le dire... il a autrefois porté la livrée...
Moi, qui vous parle, je l'ai vu!...

EDMOND.

O ciel!

AIR : *de Partie carrée.*

Mais, Monsieur, sur un fait semblable,
Pour engager son honneur et sa foi,
Il faut avoir la preuve irrécusable;
Qui donc ici la fournira?

ST.-PIERRE.

C'est moi.

(35)

Quand il faudra je saurai vous instruire,
Et le forcer à tout vous dévoiler ;
Car, j'en suis sûr, je n'ai qu'un mot à dire
Pour le faire parler.

SCÈNE XVII.

Les Précédens, JASMIN.

JASMIN.

Monsieur est servi.

st.-PIERRE.

C'est bien... Tous mes convives sont-ils là ?

JASMIN.

Oui, Monsieur.

st.-PIERRE, *à Cécile et à Edmond.*

Pardon, mes amis... il faut que j'y aille... Je les ai quelquefois fait attendre ; mais aujourd'hui... ce ne serait pas convenable !... (*à Edmond*) Je vous fais mes excuses de ne pas vous inviter ; ce sont des personnes avec qui vous ne seriez peut-être pas à votre aise.

JASMIN.

En même temps, madame de Rostange a fait prévenir qu'elle allait passer chez vous.

ST-PIERRE.

Je ne peux la recevoir... au moment de me mettre à table... (*à Edmond*) Daignez prendre ce soin là pour moi... C'est votre belle-mère... Surtout, n'oubliez pas ce que je vous ai dit... Du courage.

AIR : *Trou là là.*

Tout va bien,   (*bis*)
En avant, ne craignez rien ;
Tout va bien,   (*bis*)
Pour votre sort et le mien.
Sans adieu ; j'ai là-dedans
Des convives importans.

CÉCILE.

Quoi ! ceux que vous attendez ?

st.-PIERRE.

Sont tous des habits brodés.

Tout va bien,   *(bis)*
En avant, ne craignez rien;
Tout va bien,   *(bis)*
Pour votre sort et le mien.

Il sort.

SCÈNE XVIII.

CÉCILE , EDMOND, puis Mad. DE ROSTANGE.

CÉCILE, *bas à Edmond.*

Allons , Monsieur, obéissez, et laissez-vous conduire par lui... Voici votre belle-mère.

EDMOND.

Ah ! Madame... comment vous remercier de toutes vos bontés ?... J'allais me présenter chez vous.

MAD. DE ROSTANGE.

Je m'attendais presque à vous trouver ici... Je sais que M. de Saint-Pierre est votre protecteur... car c'est à lui que vous devez tout... Vous a-t-il parlé de mon mariage ?

EDMOND.

Oui , Madame... Vous étiez sûre d'avance de mon approbation... Et si, dans cette circonstance, j'ose hasarder un avis, ne voyez dans ma conduite que le désir que j'ai de vous prouver ma reconnaissance.

MAD. DE ROSTANGE.

Que voulez-vous dire ?

EDMOND.

Qu'on vous trompe, Madame... Du moins tout nous le prouve... Vous croyez à celui que vous épousez une grande fortune, et l'on assure qu'il est ruiné.

CÉCILE.

Oui, Madame... Vous le croyez un homme de qualité ... il ne l'est pas plus que moi ; et pour que vous sachiez à quoi vous en tenir, apprenez que c'est un ancien valet.

MAD. DE ROSTANGE.

Qui a pu débiter de pareilles calomnies?... On n'avance pas des faits aussi graves sans en donner des preuves.

EDMOND.

Je n'en ai point, il est vrai... mais un homme estimable, un homme d'honneur, dont vous ne récuserez pas, j'espère, le témoignage, monsieur de Saint-Pierre lui-même s'est chargé de nous les fournir.

MAD. DE ROSTANGE.

M. de Saint-Pierre!... Eh! mais, c'est lui que j'épouse... C'est lui dont vous parlez...

On entend au-dehors un chœur de gens à table qui chantent l'air précédent : Trou là là.

TOUS.

Qu'est-ce que cela veut dire?... et quel est ce bruit?

SCÈNE XIX ET DERNIÈRE.

Les Précédens. Huit ou dix domestiques en grande livrée paraissent d'abord, ensuite Saint-Pierre pareillement en livrée. — Il est au milieu d'eux, et leur donne tour-à-tour une poignée de main.

CHŒUR DE DOMESTIQUES *qui entrent en chantant.*

AIR : *Trou là là.*

Quel plaisir,   (*bis*)
Quand son règne va finir;
Quel plaisir,   (*bis*)
Dépêchons-nous de jouir.

EDMOND, MAD. DE ROSTANGE, CÉCILE.

Qu'ai-je vu,   (*bis*)
Quel spectacle inattendu;
Qu'ai-je vu?   (*bis*)

MAD. DE ROSTANGE.	**CÉCILE.**
Mon époux ainsi vêtu.	Notre maître ainsi vêtu.

MAD. DE ROSTANGE.

A peine si j'en revien,
Quoi! cet habit?

St.-PIERRE.

C'est le mien.
Chacun rentre dans son bien,
Et je reprends mon ancien.

CHŒUR GÉNÉRAL.

LES DOMESTIQUES.

Quel plaisir, etc.

EDMOND, Mad. ROSTANGE, CÉCILE.

Qu'ai-je vu, etc.

EDMOND.

Qu'est-ce que cela signifie?

St.-PIERRE.

Que je vous ai promis des preuves, et que je vous les apporte... J'ai rendu la liberté à mes anciens serviteurs... à présent mes égaux. (*à madame de Rostange*) C'est vous dire assez, Madame, que je ne peux tenir ma promesse : non pas que mon billet ne soit excellent; mais je ne suis pas assez heureux pour que vous me forciez à l'acquitter.

MAD. DE ROSTANGE.

Il serait possible!... Un valet.

St.-PIERRE.

Trouvez - en qui vous serve mieux... (*à Edmond*) Grâce à moi, vous n'avez plus rien à craindre d'un rival redoutable... grâce à moi, vous avez une place... (*à madame de Rostange*) Grâce à moi, votre fille épouse un jeune homme charmant, et cinquante mille livres de rente... car il les a...

EDMOND.

Ah! mon ami... comment m'acquitter envers vous?..... comment reconnaître tant de bienfaits?

St.-PIERRE.

En me donnant chez vous une place de valet-de-chambre.

EDMOND.

Ah ! tu seras toujours mon ami.

St.-PIERRE.

Soit... un ami en livrée... à la condition encore que vous prendrez aussi ma femme au service de la vôtre... N'est-il pas vrai, Cécile ?

CÉCILE.

Ah ! que je suis contente !

St.-PIERRE, *aux domestiques.*

Quant à vous, mes amis... je vous ai payé vos gages, vos gratifications... nous sommes quittes, et vous êtes maintenant vos maîtres.

JASMIN.

Ah ! M. Lapierre, nous n'en trouverons pas comme celui que nous avions.

St.-PIERRE.

Peut-être... Il y en a encore quelques uns... En tout cas, (*montrant Edmond*) Ils ne vaudront pas celui-ci, j'en suis certain... Mais il faut suivre mon exemple, et pour avoir une bonne condition il faut la faire soi-même.

VAUDEVILLE (1).

AIR *du vaudeville du Colonel.*

EDMOND.

Le dernier jour, en toute affaire,
Nous offre un pas difficile à franchir;
Heureux, lorsque dans sa carriere,
On pent le voir arriver sans pâlir.
Plus heureux encor, il me semble,
Quand, touché d'un égal amour,
On a passé sa vie ensemble,
Et qu'on arrive ensemble au dernier jour.

---

(1) A Paris, à la représentation, on ne chante que le quatrième et dernier couplet.

Mad. DE ROSTANGE.

Jeunes beautés qu'au printemps l'on adore,
A votre char vous trainez mille amans;
Mais l'âge vient, et vous pouvez encore
Plaire et charmer dans l'hiver de vos ans.
Oui, les succès que le cœur nous procure
Bravent le temps, et nous restent toujours.
Dans la bonté cherchons notre parure;
Quand nos attraits sont à leurs derniers jours.

St.-PIERRE.

Dans des places comme les nôtres,
Quoiqu'un peu d'orgueil soit permis,
Je n'ai jamais, comme tant d'autres,
Dans le bonheur oublié mes amis.
Oui, lorsque la grandeur commence,
La mémoire fuit sans retour,
Et l'aurore de la puissance
De l'amitié devient le dernier jour.

CÉCILE, *au public.*

Par une disgrâce commune
Aux grands, hélas ! comme aux petits,
On dit qu'en perdant sa fortune,
On perd souvent tous ses amis.
    (*à Saint-Pierre*)
Ah ! puisse-t-il n'avoir pas cette chance,
De cet ouvrage assurez le retour ;
Et puisse, hélas ! le jour de sa naissance
Ne pas être son dernier jour.

FIN.